A MESSIEURS
LES MEMBRES

DE LA

CHAMBRE DES DÉPUTÉS.

QUELQUES OBSERVATIONS SUR LE POJET DE LOI

RELATIF A L'ESCLAVAGE DANS LES COLONIES,

PAR

JEAN-BAPTISTE ROUVELLAT DE CUSSAC,

Ancien conseiller aux Cours royales de la Guadeloupe et de la Martinique.

PARIS.

PAGNERRE, ÉDITEUR,

RUE DE SEINE, 14 BIS.

—

1845.

A MESSIEURS LES MEMBRES

DE

LA CHAMBRE DES DÉPUTÉS.

Quelques observations sur le projet de loi relatif à l'esclavage dans les colonies.

La loi soumise à la discussion de la Chambre des députés ne peut qu'empirer la situation des esclaves par l'irritation qu'elle excitera chez les maîtres, en diminuant leur droit tel qu'ils le comprennent, sans améliorer pourtant le sort de tant de malheureux.

Les mauvais traitements iront croissant, et le nègre se verra plus opprimé encore, alors qu'on lui parlera, et de la liberté, et des moyens que la nouvelle loi lui donnera de l'acquérir.

De prétendues conspirations et des soulèvements serviront de prétexte aux colons pour se plaindre d'une loi subversive du *statu quo*, et faire croire à la nécessité d'augmenter l'autorité du maître, devenue chaque jour plus écrasante. En pareilles circonstances, les agents provocateurs ne manquent jamais, et l'on peut prédire que le sang des pauvres esclaves coulera encore.

Dans un pays d'ailleurs où les sinistres se succèdent rapidement, chaque malheur nouveau tourne pour eux en crime. Ainsi, peu de temps après le nouvel incendie qui éclata l'an passé à la Basse-Terre, on lit dans le journal *la Presse* :

« Une lettre arrivée hier de la Guadeloupe donne lieu
« de craindre que les derniers incendies ne soient, comme
« on l'avait déjà supposé, le résultat d'un complot. Le gou-

« verneur a, dit-on, reçu des lettres anonymes dans
« lesquelles on déclare que si, au bout de dix jours, la
« liberté n'est pas accordée aux esclaves, de nouveaux
« sinistres éclateront sur plusieurs points à la fois. »

On comprend de quelle source peut sortir une lettre
anonyme qu'on suppose adressée à un gouverneur par
des *gens qui ne savent point écrire*, et n'ont sans doute pas
confié leurs desseins à ceux qu'ils regardent comme leurs
oppresseurs, leurs ennemis, à *ceux-là seuls qui savent
écrire*.

La perfide insinuation dont il s'agit succédait au rapport
fait par M. le duc de Broglie au nom de la commission pour
l'abolition de l'esclavage. En trompant l'opinion publique
sur le caractère et les dispositions des esclaves, on voulait
leur rendre l'opinion défavorable et faire rejeter les propo-
sitions qui terminent ce rapport.

Naguère encore, quelques-uns de ces malheureux par-
venaient à faire accepter à leurs maîtres le prix de leur
liberté; après la loi dont il s'agit, tous seront rebutés par
le prix exorbitant que la commission estimatrice créée par
la loi, mettra sans aucun doute à leur rachat. Ils seront
surtout effrayés de l'obligation d'un engagement de cinq
années après leur affranchissement, mesure aussi injuste
qu'inutile.

Il est impossible que l'esclave acquierre de pécule avec
le samedi seulement, pour cultiver le *lopin* de terre qu'on
laissera à sa disposition; heureux s'il peut vivre seulement
avec d'aussi faibles ressources. L'ouvrier des villes, que son
maître laisse travailler moyennant une redevance hebdo-
madaire ou mensuelle, pourra seul, s'il est intelligent et
actif, en se chargeant de certains travaux à entreprise ou à
forfait, se former un pécule.

Jamais esclave n'aura de pécule, si le maître est appelé à
s'en mêler; il y a naturellement méfiance des deux côtés.

Quelques habitants ont cru que le droit d'imposer une amende à leurs esclaves était inhérent au droit de correction. Cette prétention a d'autant plus de gravité, qu'elle rend l'esclave responsable des cas d'épizootie, ou autres accidents si fréquemment et si faussement attribués aux prétendus maléfices des pauvres noirs.

Accorder le samedi à l'esclave et laisser au maître la faculté de le lui ôter, accorder au premier le droit de propriété sur son pécule et en laisser la surveillance et l'administration au second, qui peut ainsi, s'il veut, s'en emparer ou l'empêcher de se former, c'est arracher d'une main ce qu'on accorde de l'autre, c'est ne rien faire.

Que de précautions contre ces pauvres esclaves, à qui l'on ne peut cependant reprocher aucun crime! Ne dirait-on pas des forçats libérés arrivant du bagne, et qu'il s'agit de faire rentrer dans la société!

On dit, on affirme même qu'il y a des nègres plongés dans le plus complet abrutissement; cela peut être, et dans tous les pays il se trouve de ces hommes misérables; mais ce ne seront certainement pas ceux-là qui pourront se racheter. Il n'y aura que l'élite des esclaves, ceux qui sont vraiment laborieux, qui se rachèteront; ceux-là ne seront certainement à craindre pour personne. On dit encore que, devenu libre, le nègre ne travaillera plus. Mais l'homme qui a, pendant vingt ou trente ans, mené une vie régulière et laborieuse pour arriver à s'affranchir, n'ira pas, aussitôt qu'il aura acquis cette liberté tant désirée, se vouer à une oisiveté qui lui apporterait la misère en échange. Quelle meilleure garantie à donner de sa conduite à venir que sa conduite passée? Il ne faut pas croire non plus qu'il abandonnera ou changera son métier. Nullement: s'il est cuisinier, menuisier, tailleur, il n'ira point prendre la houe; mais aussi, s'il est cultivateur, il restera certainement cultivateur. On assure que ces derniers sont en minorité; mais si vous voulez des affranchis qui cultivent la terre, donnez la liberté aux nègres de jardin, et, au point où en sont les choses, il est presque impossible que ceux-ci puissent arriver à posséder quelqu'argent.

Comme parmi nos paysans et nos prolétaires, on trouve chez les nègres esclaves des hommes de sens. Si la loi, telle qu'on la propose, venait à être admise et que vous leur parlassiez des droits qu'elle leur accorde, du zèle que les magistrats mettront à les faire exécuter, ils vous répondraient ingénument que la France leur ôte tout espoir, qu'aucun esclave ne pourra se racheter désormais, *que le maître reste le maître*, que les magistrats sont des créoles ou des blancs amis des créoles; et si vous leur proposiez d'entrer au besoin en discussion avec leurs maîtres, ils vous répèteraient leur proverbe le plus habituel, qui peint si bien leur dépendance et cette résignation de la faiblesse aux abus de la force : *ravet pas teni raison devant poule* (on sait que le ravet est une espèce de hanneton dont les poules sont très friandes).

Le besoin de répression des crimes commis sur les esclaves a fait proposer quelques changements à l'organisation des cours d'assises appelées à les juger. Mieux vaudrait prévenir le mal que de chercher sa punition par des moyens fort douteux. Pourquoi laisser au maître le droit de corriger son esclave? Vous lui permettez de le détenir sur son habitation pendant quinze jours; mais là le malheureux peut être enchaîné de manière à ne pouvoir se coucher ni même s'asseoir, comme cela s'est vu depuis peu à Marie-Galante. La possibilité de torturer un esclave est un droit exorbitant que vous conservez à son maître. Comment prévenir, découvrir et punir de tels excès? Les officiers du ministère public sont loin d'être informés de tout et ne peuvent tout visiter. Les jours sont longs pour l'homme qui ne peut se mouvoir sous de lourdes chaînes, ou qui souffre la faim? Ne peut-il périr avant que cet officier n'entreprenne une nouvelle tournée?

Il existe encore des cachots, et ceux qui ont écrit qu'on n'y mettait plus que des lapins, ont voulu égayer leurs correspondants ; l'un de ceux-ci, en le répétant devant une illustre assemblée, a sans doute voulu faire une diversion à la gravité de la discussion. L'orateur qui n'a pas craint de parler de lapins à la chambre des pairs ne se doutait pas que ces animaux, qui, à la Martinique, ont besoin d'être préservés contre des insectes venimeux, des rats énormes et des serpents, sont nourris, comme certains oiseaux de nos basses cours, dans de grandes cages élevées de plusieurs pieds au-dessus du sol.

Il est des sources d'où la vérité ne peut jaillir, quand l'intérêt personnel en altère la limpidité.

Quelques orateurs ne parlent des possesseurs d'esclaves qu'avec éloge, et vantent sans cesse leur humanité, leur justice, leur générosité envers les nègres; cependant, le régime des habitations est connu : on sait si tous les maîtres sont humains, et à quelle justice l'esclave doit s'attendre de la part de quelques-uns d'entre eux. On a bien tort de ne pas citer les actes de générosité des maîtres envers leurs esclaves, l'occasion de les faire ressortir a pourtant bien des fois été assez belle? Pourquoi s'en tenir à des généralités? On ne cesse de parler du progrès, mais en quoi ce progrès consiste-t-il? On ne coupe plus le jarret ni les oreilles aux esclaves; mais on peut les hacher à coups de fouet, et beaucoup d'entre eux naguère ont péri dans les plus cruelles tortures! Un changement dans le mode n'est pas toujours une progression.

Une digression sur le progrès humanitaire colonial ne sera pas étrangère à mon sujet. A mon arrivée aux Antilles, le 4 février 1829, peu de temps après leur installation à la Guadeloupe, les magistrats nommés par l'ordonnance du

5 octobre 1828 eurent à s'occuper de l'affaire du sieur ***, de Marie-Galante, poursuivi pour avoir rempli les cheveux d'un vieux nègre de poudre à tirer, y avoir mis le feu, et lui avoir sillonné le haut des cuisses avec un tison enflammé.

Vers cette époque, un esclave était détenu à la geôle de la Pointe-à-Pître, par l'ordre de son maître, qui le faisait fouetter tous les jours.

Un petit propriétaire de l'arrondissement de la Basse-Terre fut traduit en police correctionnelle pour avoir blessé d'un coup de couteau un jeune nègre son esclave.

Un habitant des environs de la Pointe-à-Pître fut traduit aux assises pour avoir cassé la jambe ou la cuisse d'un coup de pistolet à un nègre esclave.

Des poursuites furent aussi dirigées contre une femme pour excès commis sur une négresse à laquelle on disait qu'elle avait coupé plusieurs doigts.

Peu de temps après, le sieur B..., des environs de la Pointe-à-Pître, fut traduit aux assises, comme accusé d'avoir tué une négresse à coups de fouet. Ce misérable s'était enfermé dans sa maison avec sa victime à onze heures; après l'avoir attachée et mise nue, il avait commencé à la frapper avec son fouet; de temps en temps, il buvait quelques coups de rhum pour s'exciter, et il était plus de cinq heures après midi, lorsqu'il consentit à ouvrir la porte à sa femme qui, depuis longtemps, heurtait avec impatience pour entrer chez elle. La malheureuse négresse, baignée dans son sang, était morte, et le misérable B... la frappait encore avec fureur. Sa femme, en pleurs, lui reprocha sa cruauté, et il répondit froidement : *c'est de l'argent que j'ai perdu.* A cette époque, à la Guadeloupe, le crime connu n'était pas toujours impuni, et l'homme atroce dont je parle fut condamné à dix ans de réclusion.

Le sieur ***, officier de santé, rencontra un jour dans ses courses une femme esclave qui était malade et marchait avec peine. Munie d'un permis de son maître, elle allait chercher un remède pour son mal. Cet homme, sans doute échauffé par le vin, se mit en tête qu'elle était en marronnage et l'arrêta malgré son permis. Il voulut la faire marcher devant lui et la maltraita durement pour l'y contraindre ; enfin il finit par attacher la malheureuse à la queue de son cheval et la traîna ainsi à près de deux lieues de distance sur l'habitation d'un commandant de quartier qui refusa de s'en charger. Le sieur *** voulait encore, malgré les représentations du commandeur de l'habitation, traîner avec lui cette pauvre femme qui était mourante, mais force fut à son barbare conducteur de la laisser dans ce lieu, où elle mourut le lendemain. Je dois dire aussi que l'esculape fut condamné à deux ans d'emprisonnement.

Parlerai-je de trois habitants qui furent successivement, quelque temps après, accusés de faits si atroces, que ma plume se refuse à les retracer. Ils paraîtraient incroyables, s'ils n'étaient consignés dans des procédures dont les résultats furent pour chacun une condamnation de cour d'assises, en une amende de deux mille francs.

Un autre habitant fut poursuivi pour avoir cassé un bras à un de ses esclaves, la clavicule à un second, coupé une oreille à un troisième ; et ce n'étaient pas là les seuls excès qu'on lui reprochât. La chambre des mises en accusation prononça que tous ces méfaits étaient prescrits ; qu'ainsi il n'y avait lieu à suivre.

Ces citations, auxquelles je pourrais ajouter nombre d'autres, peuvent servir à faire juger de la douceur de quelques maîtres envers leurs esclaves, à la Guadeloupe. Lorsque je quittai cette colonie, à la fin d'août 1839, il m'eût été difficile de reconnaître la vérité de ce que quelques faiseurs de brochures coloniales avançaient sur les progrès de l'humanité des colons. Depuis lors, les procès d'Amé Noël, de Laffranque, de Bonneuil, de Douillard-Mataudières, de Valentin, etc., ont trop prouvé comment les idées libérales progressent chez quelques colons. Les crimes et délits commis par ces derniers sur leurs esclaves sont restés impunis, sauf Laffranque, Européen, qui fut condamné à deux ans d'emprisonnement.

J'ai rapporté dans ma brochure sur *la situation des esclaves dans nos colonies* ce qui s'est passé à la Martinique, relativement à ces malheureux depuis 1841 jusqu'en juin 1844, mais je n'ai indiqué que fort sommairement quelques-uns des faits qui eurent lieu de 1837 à 1841. L'un d'eux, qui amena son auteur sur les bancs de la police correctionnelle, où il fut acquitté, mérite mention. Le sieur ***, négociant à Saint-Pierre, est propriétaire d'une petite sucrerie située dans l'un des quartiers les plus malsains de l'île; ses bestiaux périssant, et aussi quelques-uns de ses nègres, il attribua aussitôt ces funestes accidents à l'effet du poison ; sa tête s'exaltant et ses soupçons portant sur quelques-uns de ses nègres, il arrive furieux à son habitation, fait immédiatement fouetter à outrance quatre de ses esclaves, et quand le commandeur est las de frapper lui-même, il s'empare du fouet et ne quitte ses malheureuses victimes qu'après les avoir hachées. Il alla ensuite dans la case d'une négresse accouchée la veille, sur laquelle s'étendaient ses soupçons, et lui fit mettre, malgré son état, un collier de fer. Deux des malheureux traités avec tant de barbarie, se livrant à un accès de désespoir, se parent de leur chemise blanche, de leur pantalon blanc, comme au plus grand jour de fête, et grimpant sur un rocher escarpé au bord de la mer, ils s'élancent dans l'abîme qui les engloutit. L'arrêt de la cour royale qui intervint dans cette affaire a cela de particulier qu'en acquittant le sieur ***, la cour reconnaît qu'il est un *bon maître*.

J'ai dit aussi dans ma brochure que les esclaves n'étaient pas mieux traités à la Martinique depuis mon départ qu'à l'époque dont j'ai rendu compte. On en jugera par l'extrait de notes qui m'ont été adressées de ce pays au mois de janvier dernier. Nous mettons cet extrait sous les yeux du lecteur.

« Le 23 juin 1844, l'esclave Eustache s'est étranglé sur une habitation de la commune du Saint-Esprit.

« Le même jour, une négresse de la commune de Sainte-Lucie a été trouvée suspendue à un arbre avec une corde qui lui serrait les bras et le corps. Un sous-brigadier des montagnes l'a fait détacher, et en a fait son rapport.

« Le 28 juillet suivant, le sieur ***, habitant des hauteurs du Lamentin, a fait cruellement fouetter sa négresse Adélaïde, mère de deux enfants jumeaux qu'elle nourrissait; cette malheureuse, le corps sanglant et déchiré, a été jetée dans le parc à bœufs, d'où elle s'est enfuie à Fort-Royal, où l'autorité publique l'a envoyée à l'hôpital pour être pansée, et où elle est restée plus d'un mois.

« Le même maître, sur le soupçon qu'un de ses bœufs venait d'être empoisonné par un de ses esclaves, fit couper la tête du bœuf, et força le nègre à la porter jusqu'à ce que la putréfaction lui causât une maladie dont il mourut au bout de quelques jours.

« Le 4 août, la négresse Rose-Louise a été battue par le sieur .... avec tant de brutalité que la malheureuse en est morte le lendemain. Son crime était d'avoir ramassé un mangot sous un arbre qui appartenait à l'homme qui l'a si cruellement maltraitée. Cet homme a été acquitté.

« Dans le cours de ce même mois, sur une habitation de la commune du Marigot, un nègre sexagénaire, appelé *Amand*, après avoir été inhumainement battu à coups de bâton, a subi un quatre-piquets dont il est mort quelques jours après.

« Le 7 septembre, l'esclave *Jean*, appartenant au sieur ***, de la commune du Saint-Esprit, s'est présenté au procureur-général pour se plaindre d'un châtiment excessif : ce malheureux avait le corps déchiré de coups de fouet; il a été déposé à la geôle, et quelques jours après renvoyé à son maître.

« Le 8 septembre, vers les 8 heures du soir, *Pepel*, esclave du sieur***, maire de la commune de***, s'est présenté à la geôle du Fort-Royal, ayant au col un collier de fer à 4 branches. Il venait se constituer prisonnier, pour éviter les traitements inhumains qu'on lui faisait subir.

« Le 3 octobre, le sieur***, propriétaire au Carbet, a été accusé d'avoir attaché l'esclave *Andrinette*, âgée d'environ 40 ans, à un tamarinier, et de l'avoir si fortement et si cruellement battue qu'elle en est morte dans la journée. Cet homme a encore été acquitté.

« Le 20 octobre, l'esclave *Jean-Baptiste*, appartenant au sieur***, du Trou-au-Chat, est mort presque subitement des coups de rigoise qu'il reçut du sieur***, propriétaire d'une habitation voisine, où ce nègre venait voir la négresse Laurence, avec laquelle il vivait.

« Le 7 décembre suivant, le cadavre d'un nègre nommé *Février*, esclave du sieur ***, de la commune du Trou-au-Chat, a été trouvé sur la grand'route du Gros-Morne au Robert.

« Dans le cours de ce même mois, le cadavre d'un autre nègre nommé *Pascal*, esclave d'une habitation située dans le quartier de la rivière Pilote, a été trouvé étendu par terre à un quart-d'heure de distance des bâtiments de cette habitation. »

Les faits que nous venons de rapporter sont tous extraits des procès-verbaux, des rapports des autorités compétentes, ou des pièces des diverses instructions qui ont eu lieu.

Quelle triste nomenclature! Les défenseurs de l'esclavage s'écrieront peut-être que la France a aussi des criminels et qu'il ne s'ensuit pas que tous les Français soient des assassins; mais justice est faite de ces crimes, et ceux des co-

lons contre les esclaves se renouvellent impunis ; ils n'altè-
rent pas même l'estime et la confiance qu'on leur porte, et
tel qui, aujourd'hui, est élevé au conseil colonial, figurait, il
y a quelques jours, à la cour d'assises, sur le banc du crime,
où une accusation de meurtre ou d'excès commis sur son
esclave l'avait forcé de s'asseoir.

Que conclure de tant de faits hideux, sinon que cette mar-
che progressive vers le bien, qu'on nous représente comme
réelle, est une illusion. Toujours ces hommes feront ce qu'ils
font ; toujours ils chercheront à paralyser les vues bienfai-
santes de la métropole à l'égard des esclaves, et ils continue-
ront, à force d'argent, à trouver des écrivains, des orateurs et
des faiseurs de chiffres prêts à les seconder.

Revenons au projet de loi. Si le rachat forcé paraît être un
mode d'émancipation avantageux dans les circonstances ac-
tuelles, il faut l'admettre, l'encourager, au lieu de le rendre
presque inaccessible à l'esclave ; s'il est mauvais, il faut le rejeter. Je l'ai dit ailleurs, des *modifications mal conçues ren-
dent la plus sage mesure mauvaise ou tout au moins inutile.*

La désorganisation du travail par suite du rachat forcé
est une crainte chimérique. D'ailleurs, la loi nouvelle, de-
vînt-elle plus favorable aux affranchissements, n'en produi-
rait jamais un grand nombre, car il faudra aux esclaves les
plus favorisés la moitié ou les trois quarts de leur vie pour
ramasser le prix que l'on exigera d'eux pour leur liberté, et
à peine pourra-t-on voir dans chaque colonie quatre de ces
rachats par an.

Le vote de fonds pour engager des travailleurs européens
paraît une mesure dangereuse ou tout au moins intempes-
tive, qui tendrait à décourager les affranchis de la culture de
la terre. Oublie-t-on les préjugés coloniaux, et ne voit-on
pas que les blancs seraient toujours préférés et mieux payés ?
Attendez les effets de la loi : elle procèdera avec assez de len-
teur pour ne pas éclaircir vos ateliers ; vous n'avez pas à

craindre le vide qu'elle pourra faire parmi vos cultivateurs, puisque nous avons vu que ceux-là ne pourront jamais se racheter. Si, dans cette circonstance, au contraire, il y avait un vote de fonds utile, ce serait bien plutôt pour favoriser et exciter les rachats dans cette catégorie d'esclaves.

Au lieu d'envoyer des Européens aux colonies pour y enseigner l'agriculture, il serait bien plus sage de faire venir des noirs en France, de les y instruire, de leur enseigner l'usage de nos instruments aratoires, l'élève des bestiaux, enfin tout ce qui pourrait former de bons agriculteurs, utiles à leur pays. Consacrer des fonds à l'éducation d'un certain nombre de jeunes affranchis, ce serait un essai qui ne coûterait la vie à personne, et auquel nos colonies seraient redevables d'hommes instruits, de bons laboureurs. Créez en France de ces maisons d'éducation agricole et manufacturière où deux ou trois cents jeunes affranchis soient élevés à nos mœurs ; donnez-leur le goût de la morale, de la religion en même temps que l'instruction : vous aurez fait une belle œuvre et dont les résultats pourront accroître la prospérité, la richesse, la civilisation de nos colonies. Mais loin de vous la pensée d'envoyer des cultivateurs européens dans nos pays tropicaux !... Nos colonies américaines n'ont-elles pas déjà dévoré assez d'hommes blancs !

Nos chambres devraient au moins s'émouvoir du sacrifice de douze ou quinze cents soldats qu'on jette tous les ans dans le gouffre colonial où ils périssent. En 1838, six mille hommes de troupes suffisaient ; nos régiments coloniaux montent aujourd'hui à plus de neuf mille, et l'on parle d'en augmenter encore le nombre. On a voulu un maréchal-de-camp pour les commander, puis on en a fait un second, et on parle de la création très prochaine d'un lieutenant-général. On connaît la sagesse de M. le ministre de la marine, et l'on rejetterait un pareil bruit si l'on ne savait combien l'ambition et la cupidité ont déployé d'habileté et mis de constance pour tromper les ministres du roi et faire adopter des mesures contraires à l'intérêt public. S'il ne s'agissait que d'argent encore, nous ne nous élèverions pas avec autant d'énergie contre ces innovations ; mais il faudra des milliers de jeunes soldats dont la moitié sont destinés à périr par la seule influence d'un climat dévorant ; et tout cela pour empêcher l'évasion de quelques malheureux noirs, et dans le seul intérêt de quelques propriétaires et de quelques marchands, ou pour le bien personnel de quelques ambitieux à qui la France fait de si douloureux à de si cruels sacrifices !

Pourquoi tout ce que j'ai rapporté sur nos îles à sucre était-il si peu connu ? Pourquoi tant de personnes honorables ont-elles été aussi longtemps trompées sur tout ce qui est relatif au travail forcé dans nos colonies, sur ses déplorables effets ? C'est parce que, dans cette grande cause, il n'y a qu'une des parties qui ait été admise à se défendre. Si des voix éloquentes se sont élevées en faveur du faible opprimé, ces défenseurs ont manqué de documents positifs sur la misère réelle des pauvres esclaves, qu'ils n'ont connue que par le bien petit nombre de faits que leurs adversaires n'ont pu soustraire à la publicité. Peut-on ajouter foi au dire des créoles et de leurs salariés, quand on sait que le noir n'a aucun moyen de faire entendre ses plaintes ? La raison et la justice veulent que chacun soit écouté. Cependant, certaines feuilles périodiques refusent la publicité à des révélations et à des faits qui seraient favorables aux noirs, tandis qu'elles s'empressent d'enregistrer contre eux les plus fausses assertions. On sait la cause de ces refus. Si les créoles salarient quelques hommes pour écrire et pour parler, on affirme qu'il y en a d'autres dont ils savent récompenser généreusement le silence.

Est-ce donc là cette générosité du colon envers ses esclaves ! La vérité est toujours favorable à la bonne cause ; celui qui cherche à l'obscurcir doit inspirer de la méfiance, et l'humanité s'oppose à ce que l'on prononce sur la seule parole des oppresseurs.

Nous dirons, en nous résumant, que la loi telle qu'elle est présentée à la chambre des députés, ne remplirait nullement le but qu'on doit se proposer; car l'esclave, d'une part, n'aura jamais de pécule avec le samedi seul; et, d'autre part, il ne pourra jamais en faire emploi pour se racheter, si le maître, intéressé à empêcher le rachat, conserve sur ce pécule un pouvoir direct ou indirect. L'esclave ne pourra non plus profiter du droit de se racheter, si la liberté est mise à un trop haut prix. Il n'en aura peut-être pas le désir, si de quelque sorte, et en quelque manière que ce soit, sa servitude doit se prolonger encore après son affranchissement.

On nous assurera cependant que la loi est un progrès; qu'elle relève l'esclave, puisqu'elle lui reconnaît des droits. A cela nous répondrons que des droits qu'on ne met pas à la portée de ceux auxquels on les concède en pur principe, ne sont pas des droits réels, mais une déception.

Que Messieurs les députés daignent se souvenir de tout ce que le malheureux esclave souffre, et qu'ils jugent de la cruauté qu'il y aurait à lui refuser un soulagement réel. Il faut en sa faveur plus qu'une loi qui ne serait pas exécutable, si elle était acceptée telle qu'elle est.

.FIN.

SAINT-DENIS. — IMPRIMERIE DE PREVOT ET DROUARD.